LK 1136.

LES
SAVANTS VOYAGEURS
A BORDEAUX.

DISCOURS

PRONONCÉ A L'OUVERTURE DE LA SÉANCE PUBLIQUE D'HIVER
DE LA SOCIÉTÉ LINNÉENNE DE BORDEAUX,

le 4 Novembre 1857,

PAR M. CHARLES DES MOULINS,

Président.

BORDEAUX.
TYPOGRAPHIE DE TH. LAFARGUE, LIBRAIRE,
Imprimeur de la Société Linnéenne,
RUE PUITS DE BAGNE-CAP, 8.
—
1857.

Messieurs,

Tout a été dit sur les avantages de l'*association*.... tout, et même un peu plus ; car, là où viennent se mêler l'exagération, l'infatuation, on se trouve avoir dépassé le vrai, la somme de ce qui se doit dire sur un objet donné.

Ce n'est pas qu'on ait pu justement médire des avantages de l'association considérée d'une manière abstraite : ils sont incontestés, et la sagesse des nations a constaté cet accord unanime des acquiescements de l'esprit humain, par un axiôme que répètent à bon droit toutes les bouches : l'*union fait la force*.

Si donc on est allé trop loin dans l'estime de l'association, ce ne peut être que lorsqu'on a voulu l'appliquer à des choses pour lesquelles elle n'est pas nécessaire et devient par conséquent superflue, quelquefois même nuisible.

Mais si, faisant abstraction des conditions exceptionnelles auxquelles je viens de faire allusion, nous nous bornons à observer l'ensemble des faits humains, nous nous sentirons pressés de rendre hommage à la vérité saisissante du vieux dicton : l'*union fait la force.*

Et nulle part, Messieurs, cette union, cette force ne sont plus nécessaires que quand il faut remonter un courant rapide, refouler une autre force, active ou passive, qui se pose en obstacle aux efforts de la volonté.

Quel est le courant qu'il faut refouler, — quels sont le fleuve qu'il faut remonter et la force qu'il faut vaincre, pour que la connaissance des choses utiles, et le développement des facultés données par le Créateur à l'homme, accomplissent les progrès auxquels peuvent aspirer nos intelligences finies ?

Vous les avez déjà nommés, tous ces obstacles, Messieurs : ce sont la nonchalance, la paresse, la dissipation, l'amour excessif du plaisir, et la crainte non moins excessive de la fatigue et du travail ; c'est aussi, — et il est juste de le dire, — c'est aussi la faiblesse individuelle, que l'isolement met dans tout son jour et rend bien souvent synonyme d'impuissance.

Pour tout dire en un mot, ces obstacles, actifs ou passifs, torrents impétueux ou gouffres comblés d'une eau lourde et dormante, se résument en ceci : *les faiblesses humaines.*

L'association fait une force de ces faiblesses unies.

Un bien petit nombre d'hommes seulement reçoit le don du génie, et ces privilégiés remplissent leur tâche sans la partager en quelque sorte : ils n'ont besoin que d'aides en sous-ordre. Les autres hommes, moins richement doués, seront-ils donc réduits à l'inaction ? Cela ne doit pas être ; et puisqu'ils sont moins forts, il faut qu'ils s'unissent.

De là, les services rendus à l'avancement des Sciences et des Lettres par les Académies, qui ne sont que de l'association appliquée aux intérêts intellectuels. Je me borne à les enregistrer pour mémoire, car il ne reste rien de neuf à dire sur un sujet si souvent traité, et je passe des Académies permanentes aux Académies momentanées, qui s'appellent *Congrès,* et dont je ne dirai non plus que quelques mots. Je ne puis oublier, en effet, que c'est à Bordeaux que je parle, — à Bordeaux où, par une singularité que je ne me suis pas imposé la tâche d'expliquer ici, trois ou quatre congrès tout au plus ont réussi à se glisser, et où un seul d'entr'eux, le Congrès musical, — soit dit sans jeu de mots — est parvenu à faire quelque bruit.

Cette exception, au surplus, ne fait que constater la réalité du fait en ce qui concerne les assemblées auxquelles appartient réellement le nom de *Congrès;* ce sont celles qui s'occupent de l'étude des Sciences et des Lettres ; ce sont aussi les seules dont il me soit permis de m'occuper dans ce discours. Trente villes et plus, en France, en ont vu siéger une, ou plusieurs, dans leurs murs; et Bordeaux, qui pourtant ne tient pas outre mesure à ce que sa beauté reste voilée à tous les regards, n'a pas adopté ce moyen de réunir autour d'elle des admirateurs qui ne demandaient, pour accourir, que l'encouragement d'un bienveillant appel.

Heureux Bordeaux ! Il ne fait pas de frais; on dirait qu'il se cache, et pourtant on vient à lui ! J'aime à croire qu'au fond, il n'en est pas plus fâché que la Galatée de Virgile, et mon dessein est de vous faire remarquer aujourd'hui, Messieurs, comment lui vient ce bien qu'il attend en dormant, ou que du moins il n'a pas l'air de chercher.

C'est là un des bienfaits de l'*association*, par qui seule est devenue possible la création du réseau des chemins de fer.

Grâces aux chemins de fer, qui ont presque anéanti la distance et supprimé le temps, notre vaste France n'est plus pour ainsi dire qu'une même ville, fort grande il est vrai, et où les courses sont encore longues, mais ne dépassent guère le temps qu'on mettait jadis à aller visiter un ami retiré dans ses terres. On ne se borne plus à voyager par nécessité, pour affaires, par devoir d'emploi, par devoir de famille ou pour faire, comme les artistes ambulants, une récolte d'argent ou d'or. On ne voyage pas non plus pour le plaisir de voyager, car le voyage en lui-même est, lui aussi, supprimé; mais on voyage uniquement dans le but de faire, hors de chez soi, ce qu'on ne pourrait faire dans sa maison.

Ce but est atteint si facilement et si vite, qu'on cède à la moindre fantaisie, au moindre prétexte : on peut aller de Paris à Bordeaux, comme nos pères allaient jadis de Bordeaux à Libourne.... on monte en wagon : on est arrivé.

Il n'y a pas d'exagération à dire que toute une révolution sociale s'est opérée par l'établissement des voies de fer. Voyons quels résultats a produits cette révolution dans la sphère dont j'ai voulu, Messieurs, étudier devant vous le mécanisme.

Dans les premières années de la fondation des Congrès,

peu de savants s'y rendaient de très-loin, et c'était bien assez faire, si l'on voulait y avoir du monde, d'en organiser un par année en France. Le besoin et le désir de se réunir augmentèrent bientôt, — *non pas partout*, mais dans certaines provinces plus studieuses que les autres, et l'on accueillit avec joie l'institution de Congrès plus limités, de Congrès régionaux, tels que l'Association Normande ou l'Association Bretonne, qui réunissent chaque année, presque exclusivement, des centaines, on peut même dire des milliers d'habitants de chacune de ces provinces.

Puis, les sociétés spéciales voulurent aussi jouir, en famille, de ces réunions, mais avec cette nuance que les limites des convocations n'ont plus rien pour elles de géographique, et sont déterminées uniquement par la spécialité des études. La Société Française d'Archéologie avait, chez nous, donné l'exemple : les Sociétés Géologique, Botanique, Entomologique, Homéopathique, Hydrologique de France, celle des producteurs de soie, celle des producteurs de vins, les Sociétés chorales enfin, suivirent successivement cet exemple.

Plus tard, les *Assises scientifiques* furent créées : réunions qui durent trois ou quatre jours au plus, et sont dépourvues de l'appareil solennel qui accompagne les Congrès proprement dits. Dans ces assemblées sans prétention, on fait des enquêtes sur les progrès de la science, des lettres, de l'industrie, de l'agriculture, dans un rayon et pendant un espace de temps déterminés. On se communique les observations, les découvertes s'il y a lieu, et on appelle l'attention des hommes studieux sur les points que réclament plus particulièrement leurs méditations et leurs recherches. Ces modestes assemblées ont déjà produit de très-bons fruits dans les provinces, encore peu nombreuses, où elles ont pu être mises en action. Metz, Amiens, Laval, Blois, Louviers, Nantes, Rochefort, La Rochelle, Marseille, Aix, Avignon, Châlons-sur-Marne, Reims, Troyes et quelques autres, les ont vues siéger dans leurs murs.

Ne vous semble-t-il pas, Messieurs, que des réunions si variées et si nombreuses devraient suffire au besoin d'association et aussi à l'activité des hommes d'étude en France? Il n'en est rien pourtant, et les voyages sont devenus si faciles, — le besoin de la locomotion se montre si impérieux dans notre temps, que les rapports de ces hommes d'étude entr'eux ne se bornent pas aux réunions dont je viens de parler, ni même aux stations qui peuvent interrompre l'aller ou le retour. On se détourne sans peine de son chemin, quand on peut le faire à si peu de frais de temps et d'argent. On va aux Eaux, ou si l'on n'en a pas besoin, on va *aux montagnes*, et chemin faisant, on s'arrête pour faire connaissance avec de vieux amis, avec des correspondants de vingt et trente ans qu'on presse sur son cœur en entrant dans leur cabinet, et qu'on eût pas, un instant auparavant, salués dans la rue...., car on ne les avait jamais vus.

C'est à toutes ces causes et à toutes ces facilités de déplacement que notre ville a dû la visite d'un nombre considérable d'hommes distingués par leur savoir. Je voudrais, Messieurs, vous faire connaître les noms de tous ceux qui, voyageant dans un intérêt scientifique ou littéraire, sont venus voir — ou revoir Bordeaux depuis une année environ; mais quand bien même cette revue ne serait pas forcément limitée par l'ignorance où j'ai dû rester de la présence des savants qui s'occupent d'études auxquelles je suis étranger, je vous devrais encore, Messieurs, de la restreindre à ceux dont l'objet de notre réunion m'autorise à vous entretenir.

En premier lieu se présente à mon souvenir, et bien plus encore à mon cœur, le nom d'un homme que revendiquent toutes les spécialités scientifiques et littéraires, parce que, s'il n'a pu les aborder toutes et s'y faire, comme dans plusieurs d'entr'elles, un renom fondé sur des travaux éminents, il leur a donné, à toutes sans exception, une impulsion simultanée et grandement fructueuse, en important en France la grande institution des Congrès. Vous voyez déjà que je veux parler de M. DE CAUMONT. Géologue, honorablement connu, agronome encore plus renommé, c'est à sa vaste science en archéologie que M. de Caumont doit une illustration sans rivale; et puisque la Société Linnéenne a l'honneur de compter parmi ses correspondants l'auteur des cartes géologiques du Calvados et de la Manche, l'inventeur des cartes agronomiques qui semblent appelées à rendre à l'agriculture de si grands services, il me semble que je suis tout naturellement autorisé à vous dire quelques mots du voyage de notre célèbre collègue, quoique le but de ce voyage n'ait aucun rapport à l'Histoire naturelle. Voici le fait :

Un archéologue bordelais, membre de notre Académie des sciences, alla visiter Dax, et *découvrit* (cela paraît singulier, et c'est pourtant vrai!) (1), et découvrit, dis-je,

---

(1) Mon respectable et savant ami le docteur de Grateloup m'a fait remarquer que j'avais commis une erreur involontaire en disant

que l'enceinte murale et parfaitement complète de cette ville est, en entier, de construction romaine : c'est la seule enceinte intégralement antique que nous ayons en France.

Il y a peu d'années, encore, la ville de Dax était classée comme *place forte* : elle a été déclassée et cela se conçoit fort bien, puisqu'elle ne touche aucune de nos frontières. Les habitants se sont empressés de profiter, pour leurs convenances personnelles, de ce que la main conservatrice et toute-puissante de l'Etat semblait s'être retirée de ces murs vénérables, pour les attaquer et commencer à les saper. Cet inqualifiable vandalisme avait déjà, à grand'peine, détruit trois tours et pratiqué quelques brèches en outre de la destruction, consommée de-

---

ici que notre collègue, M. Léo Drouyn, a DÉCOUVERT la construction *romaine* des murs de Dax. En effet, M. de Grateloup avait soupçonné, sans l'affirmer positivement, que telle était leur origine. Je l'ai prié instamment de me mettre à même de lui rendre le témoignage auquel ses recherches ont droit, et il m'a prêté le manuscrit d'un Mémoire sur l'histoire et les antiquités de Dax, écrit par lui en Septembre 1820, et lu à l'Académie Royale des Sciences de Bordeaux, en 1823 ou 1824. Ce Mémoire ne fut pas publié par la Compagnie, qui n'insérait alors dans son mince recueil annuel qu'un Mémoire et quelques rapports ou nécrologies. M. de Grateloup prêta, le 1er Juillet 1842, son travail à M. Ducourneau qui reproduisit sans y changer un seul mot (et sans citer le nom de l'auteur qu'il copie) dans la *Guienne Monumentale* (t. Ier, 2e part., p. 175), l'alinéa que e vais transcrire à mon tour.

M. de Grateloup s'exprimait ainsi :

« Les murailles qui entourent la ville paraissent être de construc-
« tion romaine. Ils ont 8 à 9 pieds d'épaisseur, et sont flanqués
« extérieurement d'une multitude de tours rondes, placées de dis-
« tance en distance. La maçonnerie en est composée de plusieurs

puis longtemps, des trois portes principales, lorsque l'académicien bordelais arriva à Dax. Il rendit compte aussitôt à la Société Française d'Archéologie, dans laquelle sa science et ses travaux lui ont acquis une position distinguée, et la pria d'intervenir, en même temps qu'il s'adressait directement, de son côté, au Comité des Arts et Monuments, et à M. le Ministre d'État.

Son Excellence voulut bien prendre à cœur cette affaire, et donna l'ordre immédiat d'empêcher qu'on continuât à démolir. Mais les intéressés, ne se tenant pas pour battus, parvinrent à produire, soit par ignorance, soit en aveugles volontaires, des attestations radicalement fausses. Ils alléguèrent, qu'à coup sûr, ils ne voulaient rien détruire des portions *romaines* de l'enceinte murale ;

« assises de briques placées horizontalement, alternant avec d'autres
« assises de pierres carrées, régulières et symétriquement arrangées
« à côté les unes des autres, le tout lié par un ciment d'une extrême
« dureté. Ces fortifications ont éprouvé par l'effet des ravages du
« temps et par celui de plusieurs siéges, des altérations assez pro-
« fondes, surtout dans le côté septentrional de la ville, où est situé
« le Château-Fort où résidaient les gouverneurs de Dax. ».

La citation que l'on vient de lire rend encore plus odieux l'acte de vandalisme dont les habitants de Dax ont à porter la responsabilité.

Ce n'est plus un voyageur, un inconnu qui les avertit qu'ils portent une main téméraire sur un monument dont ils devraient conserver avec respect les moindres débris ; c'est un compatriote, un savant Dacquois, qui consacre ses veilles à la gloire de sa ville natale et qui, certes, n'a pas caché à ses concitoyens le résultat de ses laborieuses recherches. Il y avait donc quelque chose comme trente ans que leur intérêt avait été appelé sur ces belles murailles, et l'on peut bien leur dire, sans injustice, qu'ils les ont attaquées avec une complète *préméditation* mais ils dirent que celles-ci étaient bien loin de s'y trouver en majorité, attendu que l'enceinte avait été *presque entièrement reconstruite, soit au moyen-âge, soit dans les temps modernes.*

Or, c'est de cette dernière assertion que le voyage de M. de Caumont, qui avait eu lieu pendant ce débat, a constaté l'*entière fausseté*. M. de Caumont, comme chef d'une société savante, reconnue par l'État, s'est empressé de faire connaître officiellement la vérité à M. le Ministre d'État, à deux architectes archéologues, revêtus de fonctions administratives, et à M. le Mis de Lagrange, président du Comité des Arts et Monuments. Dès ce moment, on a pu espérer que l'œuvre de destruction serait définitivement arrêtée, et que des spéculations avides et privées ne dépouilleraient pas entièrement la France de l'un des plus précieux, — et le plus rare assurément, des diamants de sa couronne murale.

Un autre voyageur, — et je suis assez heureux pour pouvoir dire un autre ami — a passé une semaine entière dans nos contrées. Il est actuellement le patriarche de la Botanique française, parce que ceux de ses aînés que la science a le bonheur de conserver encore, ont consacré leurs travaux à des portions déterminées de notre territoire, plutôt qu'à l'ensemble de la végétation européenne. M. Jacques Gay, auteur de plusieurs monographies d'un grand prix, n'a point de position officielle dans la science; mais il possède l'un des herbiers les plus riches et les plus considérables de la Capitale, et l'on peut dire un des plus classiques, à cause de la masse immense de matériaux authentiques et de documents autographes qu'il renferme. L'heureux possesseur de toutes ces richesses en fait le plus généreux emploi, surtout pour l'instruction des jeunes adeptes de la science, chez qui son coup d'œil exercé et sa paternelle bienveillance découvrent des garanties d'avenir. On peut dire sans exagération que *toutes* nos célébrités actuelles ont sucé de son lait ; et que les exemples de patiente investigation, d'érudition consciencieuse, et de sage intelligence que sa longue expérience a mis au service de leur jeunesse, ont contribué à les rendre dignes des hautes positions qui sont maintenant acquises à leur âge mûr.

Lorsque M. Gay est arrivé à Bordeaux, il revenait, avec plusieurs membres de notre Société, de Montpellier où avait eu lieu le Congrès de la Société Botanique de France, et vous allez entendre, Messieurs, de la bouche d'un de nos collègues voyageurs, le récit d'une des journées les plus intéressantes de cette brillante session. Je ne dois pas perdre l'occasion de vous faire connaître, Messieurs, que le voyage de M. Gay à Bordeaux, avait pour but scientifique la constatation d'un fait tout nouveau, et qui intéresse grandement la botanique de nos contrées. Cette constatation lui a été offerte par les cultures de Chêne-liège établies dans le domaine de Lescure, par M. Nathaniel Johnston, que nous sommes tous heureux d'appeler notre honorable compatriote. — M. Gay avait découvert, dans les collections vivantes ou desséchées de la capitale et de ses environs, qu'il existe deux espèces de chêne-liège. — L'une d'elles, l'espèce linnéenne, qui devra conserver ce nom, appartient à la partie orientale de notre midi et au pourtour de la Méditerranée. L'autre, qui n'avait jamais été distinguée ni décrite, reçoit de M. Gay le nom de *Chêne occidental*, parce que c'est celui de nos Landes, du Nord-Ouest de l'Espagne et du Portugal.

Très-semblable en apparence au vrai Chêne-liège, celui-ci en est séparé par une condition biologique d'une haute importance. Comme plusieurs chênes américains, et comme l'oranger, il lui faut deux années pour mûrir ses fruits ; tandis que le vrai Liège, comme ses autres congénères de France, et comme nos arbres fruitiers et forestiers ordinaires, mûrit les siens dans l'année même de la floraison qui leur a donné naissance. — M. Gay avait soupçonné que les Lièges cultivés dans l'Ouest devaient appartenir à la nouvelle espèce, et en effet, elle existe seule dans les cultures de M. Johnston, comme dans celles de tout le Sud-Ouest. Nous ignorons encore, — mais l'expérience industrielle, une fois éveillée, se mettra en mesure de nous l'apprendre, — nous ignorons s'il existe, comme c'est présumable, quelque différence de qualité dans les produits subéreux des deux espèces. La même question se présente au sujet des *Asphodèles*, ces racines si grandes productrices d'alcool, et qu'on utilise déjà sous ce rapport en Italie. Un des sujets d'étude de M. Gay, pendans son voyage de l'été dernier, a été la distribution géographique des trois espèces d'Asphodèles dont il a entrepris la monographie, peut-être achevée au moment où je parle.

Vous le voyez, Messieurs, et je suis heureux de vous le faire remarquer encore : il y a autre chose que de la spéculation purement scientifique dans l'étude des phénomènes de la nature. La science semble d'abord travailler seule et pour elle seule, et il en est ainsi, le plus souvent, au commencement de chaque étude nouvelle. Mais quand les faits, recueillis, classés, interprétés, ont traduit en langage intelligible à tous, des phénomènes qui passaient inaperçus ou inexpliqués, l'application vient, — application agricole, artistique, industrielle ; — elle s'empare de ces faits, met à profit leur interprétation, et en retire ces fruits d'utilité qui deviennent si souvent des sources de richesse et de prospérité pour les peuples. Dieu n'a rien fait d'inutile, croyez-le bien ! — pas même la science......, pas même les savants, quoiqu'il ne soit pas toujours bien divertissant de les écouter, je l'avoue.

Aux deux voyageurs justement honorés dont je viens de faire passer les noms sous vos yeux, a succédé dans notre ville un botaniste anglais, Georges Bentham, que je me permets de nommer ainsi tout court, parce que sa célébrité universelle le met à couvert des formules de la politesse commune : un homme qui a rédigé plusieurs volumes du *Prodromus* commencé par Augustin-Pyrame de Candolle, est lu sur tous les points du globe où la botanique est cultivée, et cette vaste dispersion de ses lecteurs en fait pour lui comme une avant-garde de la postérité. Ce savant a passé huit jours à la Teste, utilisant son séjour sur les rivages de l'Océan, par l'étude anatomique (plus facile sur le vivant), des graines et plantes propres aux terrains salés.

Après lui, deux naturalistes que leurs immenses labeurs ont rendus justement célèbres, sont arrivés à Bordeaux, qu'ils ont trop tôt quitté. L'un deux, M. Fée, membre de l'Académie Impériale de Médecine, et professeur à la Faculté de Médecine de Strasbourg, a fondé sa réputation vraiment européenne, premièrement sur un ouvrage enrichi de 200 planches, lequel embrasse en entier la famille si belle et si nombreuse des Fougères, puis ensuite sur un autre travail, également enrichi de planches coloriées, contenant l'analyse microscopique de onze cents Lichens.

Cet ouvrage, intitulé *Cryptogamie des écorces officinales*, fournit une nouvelle preuve de cette vérité, que toutes les sciences se donnent la main et se prêtent un mutuel secours. J'ajoute encore une fois que cette main secourable s'étend, pour leur venir en aide, jusqu'aux professions qui ne sont pas purement scientifiques, par cette seule raison qu'elles touchent par les applications qu'elles font de la science, au commerce, aux arts ou à l'industrie. Dans le nombre de celles-ci, un des premiers rangs, quant à l'utilité, est occupé sans conteste par la Pharmacie. Or, on comprend facilement de quelle importance il est pour les pharmaciens de n'être pas trompés sur la nature des écorces médicinales, détachées des végétaux auxquels elles ont appartenu, et qu'on leur expédie des pays d'outre-mer; — et d'autre part, on comprend tout aussi facilement de quelle importance il peut être pour l'improbité de certains producteurs ou commerçants, de tromper les pharmaciens sur ce point délicat. Or, en publiant sa *Cryptogamie des écorces officinales*, M. Fée a très-bien montré que s'il est des Lichens et d'autres petits végétaux parasites, qui croissent indifféremment sur un grand nombre d'espèces diverses de ces mêmes écorces, il en est d'autres qui croissent sur les unes et jamais sur les autres, en sorte qu'ils offrent, à l'égard de la loyauté des fournitures, un moyen de contrôle qu'il serait peu sage de dédaigner.

Encore un mot sur M. Fée, qui partage avec quelques-unes des illustrations de l'Institut de France (avec les Cuvier, les Arago, les Flourens, les Babinet, les Quatrefages), le très-rare privilége de pouvoir figurer aussi dignement sur les fauteuils de l'Académie Française que sur ceux de l'Académie des Sciences. En vérité, Messieurs, c'est une bien belle chose que de se rendre, en ce sens, comparable au Janus de la Mythologie ! Avoir *deux visages*, c'est-à-dire avoir comme deux têtes, comme deux intelligences, toutes deux également ou presqu'également belles, dont l'une plane sur les champs si vastes, — mais austères par leur aspect, — de la Science, tandis que l'autre reflète les clartés d'une plus gracieuse auréole sur le domaine pour ainsi dire sans limites des Lettres ! Presque toujours il arrive que l'une des deux têtes a enfanté moins de travaux que l'autre, et je trouve à la fois le symbole et l'explication de ce fait dans les deux visages de Janus. Le temps, mais non la faculté, a manqué, soit à l'intelligence scientifique, soit à l'intelligence littéraire, et cela se trouve exprimé par le visage de jeune homme et par le visage de vieillard qu'offre à la fois le buste de l'idole.

Je reviens à l'aimable correspondant de notre Société. M. Fée, donc, est aussi un littérateur, et un littérateur distingué. Il a frappé sinon à toutes, du moins à de nombreuses portes du temple des Lettres. Sa *Flore de Virgile* a servi de lien aux deux grandes divisions des produits de son intelligence. Il a fait des travaux d'érudition, de philosophie, de morale et d'imagination pure ; et si par fois il y a fait entrer des appréciations, des préférences ou des répugnances, des préventions ou des indulgences auxquelles, pour ma part, je ne saurais nullement m'associer, il est impossible de ne pas proclamer que la lecture de ses œuvres, toujours instructive et attachante, charme l'imagination par la variété des sujets, le cœur par la douceur des sentiments, l'esprit par l'élégance du style et la finesse des pensées.

C'était un peu pour connaître une ville inconnue, — la ville de Bordeaux, — mais c'était plus encore pour embrasser un vieil et célèbre ami, que M. Fée avait quitté les rives du Rhin pour celles de la Garonne. Cet ami n'aurait point à souffrir, je vous l'assure, de se voir nommé à côté de l'homme dont je viens de vous parler, car nul ne lui conteste le rang de première illustration scientifique de notre Sud-Ouest. Vous le connaissez déjà, Messieurs, vous surtout nos bienveillants auditeurs de l'an dernier : c'est le docteur Léon Dufour, l'éminent naturaliste, le grand entomologiste de Saint-Sever. Pour prolonger une visite si douce et trop courte à son gré, il a reconduit son savant ami jusqu'à Bordeaux.

D'autres hommes de science ont aussi traversé, mais trop rapidement, notre ville. Le temps me presse, et je dois me borner à citer en courant :

M. Patricio Paz, explorateur de Cuba, de la Côte-Ferme et des États-Unis, qui a doté les collections bordelaises d'une foule de coquilles rares, et qui se promet d'enrichir encore nos dépôts conchyliologiques ;

M. Ag. Sallé, explorateur du Mexique et d'Haïti. Dans la première de ces contrées, il a découvert une coquille nouvelle dont on a fait le genre *Cérès*. Dans la seconde, il a recueilli, non-seulement parfaitement fraîche, mais vivante et en nombre considérable, une Hélice énorme (*H. cornu-militare*), qui vit dans les précipices des mornes, et qu'on ne pouvait presque plus se procurer, même morte, roulée et privée de son épiderme et de ses couleurs, depuis que Saint-Domingue n'appartient plus à la France.

Je nommerai aussi M. Bayle, professeur de paléontobogie à l'École des Mines, orateur dont la parole improvisée est si brillante et si spirituelle qu'on a peine à comprendre la patience minutieuse avec laquelle il conduit à leur fin ses investigations scientifiques ; — M. ALBERT GAUDRY, *attaché* au Muséum de Paris, qui, semblant à peine échapper à la plus tendre jeunesse, s'est fait connaître par de beaux travaux analytiques sur les Stellérides, et a déjà gagné la croix par l'heureux accomplissement de deux missions scientifiques en Orient ; — deux botanistes, ardents explorateurs de nos Pyrénées, M. DUCOUDRAY-BOURGAULT, de Nantes, et le Cte LÉONCE DE LAMBERTYE, de la Champagne. Ce dernier, tous ceux qui ont le plaisir de le connaître le surnommeront volontiers l'Hercule de l'excursion botanique, En trois semaines, sur le pied de 15 heures de marche par jour dans la montagne et sous le poids de ses énormes récoltes quotidiennes, il rapporte près de 4,000 échantillons, presque tous d'espèces rares, car il méprise et néglige même les plantes *alpines*, quand elles sont ce qu'il appelle plaisamment des espèces *courantes*. Si par chance il se trouve quelquefois fatigué, il faut croire qu'il renferme sa fatigue dans son havresac avec ses plantes, pour y remédier après son retour en Champagne.

Je ne dois pas oublier de vous nommer le jeune et savant directeur du Jardin-des-Plantes de Montpellier, M. PLANCHON, dont les beaux travaux organographiques sur l'arille des graines, ont attiré l'attention et conquis l'estime des sommités de la science. Ils lui ont valu la belle position qu'il occupe, et qui ne peut plus être changée que pour un siége à l'Institut.

Une prédiction toute pareille peut être faite à M. ERNEST COSSON, l'actif et érudit continuateur de l'exploration de l'Algérie, poussée déjà si près de son terme d'alors par notre savant collègue M. Du Rieu de Maisonneuve. Mais, dans les travaux de ce genre, le terme, qu'on croit toujours apercevoir dans les mirages du lointain, recule sans cesse, et il faut avouer que, de son côté, notre glorieuse armée d'Afrique l'aide beaucoup à échapper aux poursuites des savants. A mesure que nos soldats soumettent une tribu, s'avancent dans les solitudes du Sahara, et protègent les recherches pacifiques du botaniste, le terme désiré s'y enfonce, lui, de plus belle, et il faut que M. Cosson, muni chaque année d'une mission nouvelle du Gouvernement, coure après le fugitif aussi loin que l'épée de la France lui a ouvert un chemin dans le désert.

En finissant, Messieurs, je puis me permettre d'ajouter à cette revue le nom de M. le Dr TROUSSEAU, membre de l'Académie de Médecine, et professeur de clinique dans l'un des grands hôpitaux de la capitale. Je le puis, parce que M. Trousseau est aussi savant agriculteur que célèbre médecin. Il est venu à Bordeaux pour visiter ce beau domaine de Geneste, que rendront désormais célèbres les travaux de notre vénérable collègue M. Ivoy. J'avais déjà eu le bonheur d'y conduire, cette année, M. Gay, dont je vous parlais tout-à-l'heure, et il était résulté de cette visite une conséquence qui mérite, Messieurs, de vous être rapportée. Nous avions eu beau, pauvres provinciaux que nous sommes, appeler l'attention de Messieurs du Jardin-des-Plantes de Paris, sur l'utile et vaste création de M. Ivoy. Il avait eu beau, lui-même, leur adresser des relevés de ses cultures, l'attestation de ses succès, et des demandes tendant à obtenir des graines et des plants qui lui permissent d'en accroître la variété....., ces voix *bordelaises* se perdaient dans le vide, et autant en emportait le vent.

Mais quand M. Gay eut vu Geneste, quand il eut proclamé devant MM. du Muséum, que l'établissement de M. Ivoy est le plus important des trois de ce genre qui existent en France, que les résultats obtenus par lui sont immenses, surprenants......, il fallut bien cesser de croire que, dans notre simplicité provinciale, nous avions pris quelque carré de choux ou de navets pour une École forestière. La voix d'un savant *parisien* s'était fait entendre : le Muséum daigna s'émouvoir, et son *Chef des cultures* reçut l'ordre de se mettre en relation avec M. Ivoy, et de lui demander des envois de graines et d'espèces rares, en lui annonçant qu'il aurait désormais une part dans les richesses qui affluent au Jardin-des-Plantes de Paris.

Si je vous ai raconté cette anecdote, Messieurs, c'est que j'en veux tirer une conclusion qui résume le fond et comme la *moralité* des paroles que j'ai eu l'honneur de prononcer devant vous aujourd'hui.

Vous devez en convenir, Messieurs ; notre Bordeaux est peu connu, si ce n'est des touristes, et nous pouvons dire sans trop d'orgueil qu'il serait bon que les savants le connussent davantage. Cela serait bon *pour lui-même*, et je viens de vous en montrer un exemple à propos des cultures de M. Ivoy.

Vous voyez, d'une autre part, que dans le court espace de treize à quatorze mois, il est venu à Bordeaux, non pas une pléiade, mais une foule d'hommes distingués ou même éminents par leur savoir et leur réputation. Ils sont venus, ces hommes, isolés et l'un après l'autre. Chacun d'eux, il est vrai, apportait avec soi les trésors de ses lumières et de sa science ; mais ils ne venaient pas, si vous me permettez de le dire, avec l'intention de déballer ces trésors dans notre ville. Ils ne cherchaient, dans leur voyage, que d'anciens amis ou une agréable diversion à leurs études.

Figurez-vous maintenant, — et cette supposition n'a rien d'impossible ou d'exagéré, — figurez-vous ces mêmes hommes arrivés en même temps, armés de toutes pièces pour les nobles tournois de l'intelligence..... pour une session du Congrès Scientifique de France, et dites-moi si Bordeaux n'aurait ni profit ni jouissance à tirer de l'hospitalité qu'il aurait offerte à ces esprits d'élite !

www.ingramcontent.com/pod-product-compliance
Lightning Source LLC
Chambersburg PA
CBHW070449080426
42451CB00025B/2046